Das weiße Kreuz

-
Jack B. Smith

Herstellung und Verlag:
BoD - Books on Demand, Norderstedt
ISBN 978-3-7431-0921-6

Die Idee des weißen Kreuzes an sich, besteht in ihren Grundzügen, an einem festen kulturellen Anfangssatz und der offenen freien selbständigen Weiterentwicklung zur individuellen Vervollkommnung des Individuums. Sich selbst jene Glaubensvorstellungen und Werte zu vermitteln, die für jeden einzelnen essentiell und zur persönlichen Weiterentwicklung, notwendig sind. Als Gesetze in meiner steht nicht Abkehr von allen gesellschaftlichen Wertvorstellungen, sondern die verantwortungsbewusste Anwendung derselben die für Höhen und Tiefen in mir, wie für den Umgang mit meinen Mitmenschen und der Welt an sich vonnöten sind.Teils sind dies „schwimmende" Gesetze, die in Extremsituationen untergetaucht werden können und mich lehrten mit rechter Betrachtung ein hohes Maß an Verantwortung im einzelnen an mich selbst gegenüber und meine Mitmenschen zu entwickeln. Um den Frieden mit sich selbst, den Menschen und der Welt an sich zu schließen muss man zuvorderst Frieden mit sich selbst und alledem schließen was dort in Unwägbarkeit schwingt. Hierzu ist ein erweiterter Blick in und auf die Welt erforderlich. Ein blicken in alle Ansichten und Wertvorstellungen vieler Kulturen und Glaubenssysteme. Ein verengtes Bild hätte mir größte Schmerzen bereitet und eine Weiterentwicklung wäre nicht möglich gewesen. Sich öffnen, anhören und das zu verwenden was für einem selbst von Bedeutung ist, dafür sollte jeder Mensch offen sein. Unvoreingenommenheit sich selbst und auch der Welt dort draußen ist genauso wichtig, wie das individualisieren seiner selbst und seiner Mitmenschen. Einer meiner Hauptleitsprüche lautet daher „Jeder Mensch ist eine eigene Kultur". Wer sich selbst und seiner Welt freiwillig keinerlei Sinnhafte Regeln und Gesetze auferlegt, die für einen zum seelischen und persönlichen Wachstum und dem zwischenmenschlichen Überleben führen, bekommt von sich und seiner Welt ein Gesetz angekettet nach dem man Leben muss.

In bestimmter Form ist daher alles erlaubt, nur nicht in allen Situationen und nicht zu aller Zeit. Sollte man unsicher sein, und keinen klaren Blick auf die gleich welche Art an Situation haben, ist es in sicherer Form Richtig gar nichts zu tun. Zu prüfen ist hier ist das ob. Kann ich es mit mir und meinem Gewissen vereinbaren nichts zu tun. Kann ich das zulassen, was kann ich tun damit es keinen Schatten auf mich wirft. In der Form sollte immer zum besten nicht der eigenen Person gehandelt werden sondern zur Gesunderhaltung und überleben des nächsten. Es gibt viel mehr was ein Mensch tun kann als ihm im ersten Augenblick bewusst ist. Wenn er zu etwas nicht die Fähigkeiten hat oder Ausgebildet ist, soll er umsichtig sein wer das ist oder sich im Idealfall sich selbst diese Dinge beibringen.

Das Herz kann nur wirklich gefangen sein, durch die Liebe in eines anderen Menschen Herz. Darüber gehört das Herz dem Leben und der Welt an. Es ist ein natürliches Wesen, wild frei und unzähmbar.
Die Seele hingegen wird gefangen von fortwährendem Wachstum. Auf welche Weise dies auch geschehen mag. Immer ist dort eine Lektion verborgen die umso lauter wird je weniger ihr sie verstehen oder gar ignorieren. Die Seele schreit zurück weil die Stimme ihr Wachstum weißt und sie nicht sieht was sie lernen soll. Stille, mit offenen Augen und offener Seele sollten wir das Leben und alles darin betrachten was mit lautester Stimme unsere Seele gießt.

Ich trage um meinen Hals ein weißes Kreuz, eine Marienmedaille und einen Erzengel Michael Anhänger.

Alle können als solches als Symbole aus dem christlichen Glaubenskreis verstanden werden, doch für mich hat jedes eine eigene Bedeutung und auch eine eigene Geschichte. Ich trage es also nicht wegen dem Glauben den ich haben soll, sondern wegen dem den ich haben will und den mich das Leben gelehrt hat.

Angefangen hatte alles damit das ich mich mit diversen pseudowissenschaftlichen Themen befasste. Also Kryptozoologie, Prophetie, Verschwörungstheorien und dergleichen. Wenn man sich mit dem ganzen Quatsch befasst kommt man unweigerlich zu dem Punkt an dem man total Paranoid wird. Und überall sieht man weiße Mäuse. Was auch irgendwie schon auch eine ganz natürliche Sache ist wenn man sich mit diesen Themen befasst. Also dachte ich ab einem bestimmten Tag, an dem anderen geht's los und es knallt. Was natürlich kompletter Blödsinn war.
 Wenn man solche Sachen logisch betrachtet und mit seinem gesunden Menschenverstand beäugt, dann findet man ja auch raus was stimmt und was nicht.
Die Prophetie als solche hat nämlich einen bestimmten Hacken. Es gibt zwar parallelen der verschiedenen Texte und so weiter aber keine hundertprozentige Übereinstimmung. Kann es ja auch nicht geben und das ist auch genau der Punkt. Es gibt vorneweg drei Siebe die man bei solchen Texten beachten muss -

> Dinge die man den Propheten nicht sagt
> Dinge die uns die Propheten nicht sagen
> Dingen die uns die Propheten sagten,
> und die man uns nicht sagt

Das was übereinstimmt, an dem kann man dann bestimmte Ereignisse vorhersagen und nicht an dem Salat außen herum. Ich stelle es mir folgendermaßen vor - Es gibt wie auf einem Seil, Knotenpunkte in der Zeitgeschichte. Das sind die Geschehnisse und Ereignisse die am Wahrscheinlichsten sind oder die passieren müssen. Aber es ist nicht gesagt wie sie passieren. Was alles außen herum ist. Das heißt das die Welt, die Zeit und alle Existenz ein gewaltiges Uhrwerk ist, dass sich immer weiter fort entwickelt und zu jeder bestimmten Zeit eine bestimme Stunde schlägt. Eines dieser Punkte, Knoten oder Stunden in diesem Uhrwerk ist jemand, der für eine positive Welt sorgen wird. Dieser wird in vielen Prophezeiungen genannt. Er soll für die Einheit der Menschen und Kulturen sorgen und für eine friedliche und wunderbare Welt sorgen. Weil es die Welt ist die ich mir für meine Kinder wünsche habe ich das Symbol das in einer Prophezeiung mit ihm verbunden wird um den Hals. Es heißt das er das weiße Kreuz auf der Brust und auf dem Rücken trägt. Auf dem Herzen für alle Menschen und das Gewicht seines Schicksals auf seinem Rücken. Somit habe ich mir auch die Regel angeeignet

Jeder Mensch ist eine eigene Kultur.

Es gibt nicht was es umsonst auf der Erde gibt. Für mich die Vielfalt auf der Welt, der größte und schönste Gottesbeweis. Wobei ich mir Gott nicht als einen weißen Typen mit Rauschebart vorstellen will sondern mir kein festes Bild mache. Für mich ist er alles und überall. In allem was wir wahrnehmen und sehen und auch in allem was wir nicht sehen und nicht wahrnehmen. Um das weiter zu erläutern gehe ich von einer Art ungeteilter Dualität aus. Das heißt das es in dem Uhrwerk das Beste und das schlimmste gibt und zwar mit Absicht und mit Sinn. Nichts ist Umsonst. Jeder Regentropfen, jeder noch so unwichtige Büroangestellter hat einen Sinn. Für mich sind die Menschen auf der Welt, damit ihre Seelen eine bestimmte Art der Weiterentwicklung erfahren, um das gesamte Uhrwerk fortwährend zu verbessern und zu perfektionieren. Durch bestimmte Frequenzen und Teile deren diese Frequenzen angehören. Manche Teile darin sind Fest und und andere sind frei. Bis zu einem bestimmten Punkt beeinflussen sie sich nicht. Dann kommt eine Stunde an der das darüber liegende Uhrwerk eine bestimmte Stunde schlagen soll und dann ist das alles Stärker als jedes uns bekannte Naturgesetz. Ein selbständiges unfixiertes in sich geschlossenen Systems bleibt solange Teil eines anderen Größeren über-gelagerten Systems (fixiert oder unfixiert) bis ein anderes mit ihm auf bestimmte Art und weise Wechselwirkt. Das bedeutet das jeder unbestimmte unfixierte Zustand gleich welcher Art und Weise, durch bestimmte Wechselwirkung mit anderen Zuständen eine Fixe Verbindung - also Fassbar gemacht werden auf jede messbare bzw. erfassbare Art und Weise - eingehen, sobald sie einen Bestimmten Zustand in dem System wechselwirkender Zustände erreichen. Nicht erfassbare sich überlagernde Systeme greifen ineinander wie ein Uhrwerk und ergänzen sich in perfekter Art und Weise. Die kleinsten Teile bilden die Zahnräder dieses Systems messbarer Wahrscheinlichkeitsfelder sich überlagernder teil-fixierender und wechselnder Systeme. Diese Kleinsten Teile können mit jedem anderen in dem System vorhanden Teil in Wechselwirkung treten, in dem Maße in dem sie andere Systeme sich mit ihnen überschneiden und eine Bestimmte Art an Reaktion zu Tage fördern. Somit sind bestimmte größere Zusammenhänge eines Überlagerten Uhrwerkes. Somit ist bestimmt, dass und wann bestimmte Stunden schlagen, doch nicht auf welche Art und Weise. Das Ergebnis ist jedoch durch ein größeres Uhrwerk bzw. System vorherbestimmt. Das bedeutet das in jedem Wahrscheinlichkeitsfeld eine bestimmte Art an Vorherbestimmtheit innewohnt jedoch nicht auf welche Art und Weise dieses zu Tage getragen wird. Das kleinste System enthält 3 mal 3,14159... (Zahl Pi), die darüber liegende 6 mal 2,7182... (Masse) , die darüber liegende 9 mal 1,618... (Goldener Schnitt) . Das System danach beginnt wieder mit 3 mal 1,618... und so weiter. Jede zahl die hinter dem Komma steht ist somit eine spezielle Information die eine bestimmte Schwingung zu einer bestimmten Zeit freigibt. Demnach wechselt sich die Geschwindigkeit und somit die Dichte der Teilchen bzw. der Wellen. Blickt man von einer Ebene auf eine andere erlebt man diese in seinem erleben und nicht im tatsächlichen das darunter bzw. darüber liegt.

Jeder der also meint an dem Hauptstrang der Zeit herumschneidern zu müssen erlebt eine Überraschung. Weil es nämlich herumschnipseln soll. Er trennt damit nicht den Hauptstrang durch sondern lässt ihn lediglich ein kleines bisschen nach oben, unten, nach links oder rechts Rücken. Dieser eine Knoten wird dann durch alle Ereignisse die mit diesem in Verbindung stehen beeinflusst und passt sich einfach an das an was er gerade braucht. Um wenn seine Zeit gekommen ist, perfekt zu sein für diese Zeit. Für jeden Augenblick an dem er ist. Es sieht aus wie ein gewaltiges Chaos. Eigentlich ist es das nicht. Es ist fein geordnet und alles hat seinen Platz. Vom kleinsten Teil bis zum Größten. Wobei aber dieses Uhrwerk nicht in der erfassbaren Welt aufhört, sondern sich endlos Weiter verzweigt, durch alle energetischen Formen und durch alle Dimensionalen. Und alles das ist mit Sinn und Verstand erschaffen und reguliert sich hin immer weiter zu Entwickeln. Die nicht materielle Welt wie der sogenannte Himmel oder die Hölle sind ebenfalls Teil dieses Uhrwerks. Also jener Zustand in dem sich die Seelen befinden, wenn sie keinen Körper besitzen und nicht hier sind. Auf Erden begegnen sich nie zwei Menschen nur Zufällig. Zufall kommt von zu-fallen. Etwas fällt mir zu. Wenn es auch nur ist, dass dieses kleine Sandkorn in einem Menschen auslöst. Es gab Menschen in meinem Leben die haben mich furchtbar Inspiriert. Oder waren ein Vorbild an Kraft und Weisheit die mich in meinem Leben weitergebracht hat.Immer war etwas oder jemand da. Ein kleiner Satz, nur ein Stäubchen aus dem Welten wurden. Die mich innerlich größer und besser machten auf einzigartige Art und Weise. Oder der Satz am ende eines Buches, der mich viel lehrte. Aus dem Buch eines Französischen Philosophen zum Beispiel. Hätte man dem Hauptcharakter zum Anfang gesagt, dass man seinen „Garten" - also seine Innenwelt- pflegen soll. Und aus allem etwas machen kann was einem das Leben in den Garten bringt hätte er schon nach Seite drei geheiratet. Aber das sollte er wahrscheinlich auch nicht. Manchmal lebt man genau das Leben das man leben soll, um genau der Mensch zu werden der man für die Welt sein soll. Für einen selbst und für alle Menschen die man liebt und die man in seinem Leben hat. Bekannt oder unbekannt.

Meine Marien-Medaille habe ich von meiner Taufpatin geschenkt bekommen. Sie ist eine Frau gewesen die ein riesengroßes Herz hatte und genauso verrückt war. Sie war ein sehr gläubiger Mensch. Und ich glaube auch das ich viel von ihr mitbekommen habe für mein Leben. Sie wohnte damals in München und wir besuchten immer Museen oder Pater Rupert Maier. Sie hat oft für mich gebetet und ich bete auch heute noch. Aber im eigentlichen Sinn nicht wie sie es mir gezeigt hat sondern auf meine Art. Wenn ich etwas zu sagen habe, und wenn es nur danke ist, dann bete ich. Ich bete auf meine eigene Weise. Weil es für mich Richtig ist, und ich glaube das Gott es wichtiger ist, dass an glaubt als wie man glaubt. Ich denke er ist ein totaler Individualist wie ich. Wenn man betet sollte man das mit seinen Worten tun. Mit Gedanken, Gefühlen und so weiter. Weil das mehr Gewicht hat für einen selbst und man dann auch anders an die Sache herangeht. Man kann zu Gott beten, irgendeinem Engel, der Tante oder wie in meinem Fall momentan zu meinen ungeborenen Kindern. Es kommt immer eine Antwort da. Immer vielleicht nicht die erhoffte, aber auf alle Fälle eine die mir persönlich mehr geholfen hat. Also beten.

Es war am Todestag von Papst Johannes Paul dem zweiten. An jedem Tag ging es mir wirklich schlecht, aber nicht deswegen. Ich fuhr den ganzen Tag mit dem Auto durch die Gegend um irgendeine Art von Ruhe zu finden. Am Abend hörte ich dann im Radio, dass der Papst gestorben sei. Da erreichte ich gerade Passau. Ich parkte mein Auto und ging zum Dom. Davor standen zwei Kerzen. Irgendwie erwartete ich mehr. Ich wollte eine Art Lichtermeer oder zumindest habe ich es mir damals bei der Ankunft so vorgestellt. Ich ging also in die umliegenden Restaurants und Bars und fragte nach Kerzen. Einige gaben mir welche andere wollten nicht. „Warum auch?" fragten sie. Alles in allem als eine kurze Andacht vorbei war standen nicht mehr zwei Kerzen sondern acht. War mir damals viel zu wenig. Enttäuscht ging ich zurück zum Auto. Den Berg am Dom runter, als ich an einer Türe vorbeikam. Ich weiß nicht mehr genau was darauf stand. In etwa „Wer will kann reinkommen".
 Es war von der kirchlichen Jugend oder den Ministranten die

ein Treffen abhielten. Da mir eigentlich eh schon vieles egal war, oder aus irgendeinem Winke heraus ging ich dort hinein. Ich öffnete also die Türe. Und sah Teelichter. Unzählige Teelichter, einen ganzen Weg daraus dem ich folgte. Als ich am Ende des Weges angekommen war, saß die kirchliche Jugend um den Tisch. Der Raum erhellt von den Kerzen und an der Wand war ein riesiges Gemälde von Erzengel Michael. Er gab mir damals sehr viel Hoffnung und glauben an mich selbst wieder. Und seitdem trage ich immer eine Erzengel Michael Anhänger. Weil er gegen meine inneren Dämonen hilft. Gegen meine Ängste und meine Zweifel. Und noch vieles negative mehr. Ich glaube auf meine Weise die für mich Richtig ist. Und ich werde niemandem vorschreiben wie er zu glauben hat. Du kannst von mir aus auch ans fliegende Toastbrot glauben, mir egal.

Und sehet da war Korn
Und dort wart es gebacken
Und fortan wart es Toast
Und man nahm es als dann
Und warf es
Und sehet dort wart es fliegend

Oder auch mit Erdbeermarmelade...

Und bevor man es entsandte gen Ewigkeit fliegend
sehet da war es Erdbeere
und sie war Mansch
und bestrichen wart das Brot mit diesem Rot
und sehet geworfen wart das Marmeladenbrot
und landete auf der Marmeladenseite
Das das Frühstück sowie Teppich im Arsch seie!
Ja, wenn man das Marmeladenbrot auf die Katze bindet.

Manche Dinge ergeben halt einfach Sinn in sich. Das ist so. Manchen Glauben denke ich hat Gott nur erschaffen um ein schlechtes Beispiel zu sein. Vielleicht war ihm auch nur langweilig oder er hatte zu viel Zeit. Ich finde auch keine logischen Grund für eine Limo-suizidale Ufosekte. Oder den Glauben, wenn sie heute zahlen haben sie in tausend Jahren die Erlösung. Sie leben zwar nur realistische 90 Jahre.
 Mit unserer Behandlung auch deutlich weniger. Was nichts macht, denn sie haben dort wo sie auch immer hingehen kein Geld nötig, also geben sie vorher alles uns. Gesundheitsversorgung? Scheißegal! Wo sie hingehen sind sie von Haus-aus befreit von aller Krankheit und jedem Leid. Wie auch ohne Körper! Aber hey, wir verstehen zwar selbst nicht was wir da reden und glauben's auch nicht, aber dass müssen wir auch nicht weil sie das ja tun! Und das ist wirkliche Arbeitsteilung und total fair! Doch sie finden das doch auch nicht wahr? Wusst' ich's doch!

Also mal ganz ehrlich. Wenn ein nicht-körperliches Wesen das das gesamte Universum und alles alles alles kontrolliert und durchdacht hat von mir Geld verlangt damit ich an den Rauschbart glauben darf. Dann stelle ich gewisse Dinge aus logischen Gründen in Frage. Ich meine was soll das? Limo-saufende Ufosekten und dergleichen haben schon einen Sinn. Aber das letzte was man da findet ist eine irdische Art der Erlösung oder etwas ähnliches. Vielleicht die endgültige,
 aber auf keinen Fall die hier und heute lange anhält und von der ich dann noch irgendwas habe. Stell dich vor den Sonnenuntergang und frage dich „Braucht jemand der so etwas erschafft Geld von mir?" - oder die Form von „Zuwendung" um die er sich nicht selbst kümmern kann. Kann er ja auch... - siehe Giftlimo und Selbstmordattentäter! Wenn du von der Welt sollst, dann bist du von der selbigen.

Nicht früher und nicht später. Wenn deine Seele im Uhrwerk seiner Vollendung bis zu einem gewissen Schritt entgegengegangen ist, dann wird einfach umgebaut. Jeder Tod und jedes Leid gleich welcher Art hat irgendeinen Sinn. Jemand hat sich irgendwas irgendwann was dabei gedacht. Was aber nicht heißt das man zuschauen muss und Däumchen drehen. Tut was positives für die Menschen. Mit dem was ihr seit und was ihr könnt. Setzt euer Talent für die Menschen ein. Gleich welches es auch sei. Sei es nun das beste oder das schlimmste. Es hat niemand gesagt, dass man „dunkle" Talente zu allgemein bekannten Bösen Zwecken einsetzen muss. Nur weil die Gesellschaft einem das sagt heißt das noch lange nicht das man das machen muss. Entscheide dich einfach mal für die Menschen und helfe ihnen mir allem was du bist, hast und kannst. Finde ich Sinnvoller.

Die meisten Menschen wissen nicht wie sie mit bestimmten Dingen in sich umgehen sollen. Sie wissen nur das dieser Teil da ist. Wissen aber nicht warum. Man hat ihnen nie gezeigt warum sie ein schwieriges Leben hatte oder bestimmte Dinge in ihr Leben geworfen bekamen. Du bist hier, weil du hier sein sollst. Weil du für alle Menschen wichtige bist. Auch wenn du es nicht siehst irgendeinen Sinn hat dein Leben. Und wenn du nicht von der einen Seite der ungeteilten Dualität kommst dann eben von der anderen. Aber hilf den Menschen mit dem was du kannst. Jeder Mensch ist Verantwortlich wenn er etwas tut oder wenn er etwas nicht tut. Dinge die du hier nicht lernst oder lernen willst, lernst du ein anderes mal. Und du kommst sooft wieder bis du das gelernt hast. Und wenn es die dunkelste aller Gaben ist. Du hast sie aus einem bestimmten Grund bekommen. Gehe Verantwortungsbewusst damit um und gehe auf deine eigene Reise in dich selbst hinein. Ordne deine Seele. Gib jedem Teil von dir einen Sinn. Jeder Teil der da ist soll da sein. Es ist so wie es ist. Du bist richtig. Gehe in dich und Ordne dich. Jeder Mensch hat mindestens zwei Seiten. Aber keiner hat gesagt das die dunkle Seite auch Böse sein muss. Gut und Böse entstehen nur aus einem bestimmten Unverständnis heraus. Du bist hier um als Teil des ganze besser zu werden und mehr Frieden zu finden. Achte Leben und Tod.

Viele verstehen nicht wie ich mit dem was alles Teil meines Lebens ist umgehen kann bzw. wie ich das alles aushalte. Alles von der Zeugung bis zur Geburt und alles was auch immer Teil meines Lebens war hat meinen inneren Garten wachsen lassen. Ich wusste nie genau was mit mir nicht stimmt oder was in mir los ist. Und mit der Zeit Stück für Stück habe ich immer mehr und mehr über mich selbst gelernt. Ich habe mich hingesetzt und mich gefragt warum was so ist wie es ist. Bin Schritt für Schritt für Schritt durchgegangen. Habe versucht aus jedem Teil meines Lebens und meiner Geschichte etwas zu lernen. Damit ich für mich und die Menschen in meinem Leben besser funktioniere. Keiner hat mir je beigebracht wie ich meine Seele Ordne oder wie ich mit dem schlimmsten Teil von mir umgehe. Das habe ich mir aus Eigeninteresse alles selbst zusammengesucht und daran gearbeitet. Kein Therapeut war bei mir, ich und die Zeit und alles in meinem Leben waren meine Therapie.

Ich kann bestimmte Dinge sagen, wie es sich anfühlt wenn man in einer suizidalen Phase ist und dergleichen.Man spürt wie die Strahlen einer titanisch schweren Diamanten der aus dir Strahlt dich von aller Existenz trennt, ich Rate es keinem an. Der Akt des Selbstmordes an sich sollte immer Leiden beenden oder das dritter mindern.Die Idee an sich dahinter sollte unter keinem Umständen sein – Ich blase alle weg weil die einen Falschen Glauben haben! Diese Ansicht zieht eigentlich den Akt an sich total in den Dreck. Auch wenn er Psychologisch im allgemeinen Sinne in bekannte Phasen unterteilt ist – Kurzschluss und Langzeitplanung. Ist der Religiöse Selbstmord um andere zu Schaden für mich ein titanische Beleidigung. Also nochmal, wenn sich jemand der nicht irgendwie religiös motiviert sieht und einfach nur leidend durchs Leben läuft und daraufhin sein Leben beendet, will es entweder sein eigenes beenden oder das seiner Mitmenschen. Also Quasi das seiner Frau, seiner Familie und dergleichen. Auch wenn man es so sieht, dieser Mensch wollte euch nicht Schaden. Ihr habt nur seine Situation nicht verstanden. Er ist weg ja, aber er wollte nicht mehr das ihr oder er selbst leidet. Aber „Ich-blase-andere-weg-weil-Gott-das-nicht-selbst-kann" ist ehrlich gesagt die allergrößte Beleidigung für jeden der auf irgendeine Art psychisch oder körperlich Krank ist und sein Leben ein Ende gesetzt hat oder will. Bei einem Kurzschluss-Suizid plant man das nicht vorher, und jeder Mensch hat diesen Punkt in sich. Und ist alles in allem von dem andern zu trennen. Es soll dich einfach aus der bahn werfen weil dir das Leben etwas in dich gebracht hat mit dem du nicht umgehen kannst. Wenn du überlebst dann wachse und frage dich warum du noch lebst. Wenn nicht sollte es so sein.

Ich persönlich bin auch kein Kirchgänger. Ich gehe schon in die Kirche, aber meist für mich alleine. Ich war lange Jahre ein Ministrant, was aber nicht der Grund ist, dass ich keine Messen mehr besuche. Wenn ich heute in die Kirche gehe hat das für mich nichts mit Glauben zu tun. Die meisten tun so heilig und sind es gar nicht. Kein Mensch ist ein „Heiliger". Und am allerwenigsten die die das immer sagen. Ihr seid nicht Heilig für mich. Ihr seid Menschen also hört auf unmenschlich zu tun. Das beste was du sein kannst ist ein Mensch. Und Menschen sind nun mal so. Sie machen Fehler und sind unperfekt. Ihr sitzt da und schaut auf euren „Ruf" weil ihr heilig sein wollt. Ihr entmenschlicht euch selbst dadurch. Erlaubt euch die Dinge nicht die euch auszeichnen sollen. Gefühle, oder das Herz. Wie oft wurde nur wegen dem Ruf oder dem Geldadel geheiratet und nicht wegen den Gefühlen? Da ist sie du liebst sie versuche es. Entweder es funktioniert oder nicht. Aber es geht ums versuchen. Du fühlst das du mehr im Leben erreichen sollst, dann versuche es. Irgendwo weht euch der Wind des Schicksals schon hin. Setzt eure Segel und fahrt los aufs blaue Meer. Erst wenn der Sturm geht lernt ihr wirklich Boot fahren.Und bei jedem Sturm lernt ihr für den nächsten. Und wenn es der schlimmste aller Stürme ist und ihr nie wieder einen schlimmeren erleben werdet, dann bringt den Jungen das Segeln bei. Gebt eure Erfahrungen weiter. Schreibt sie auf oder findet eine Weg..

Ich schaue schon in religiöse Texte und dergleichen. Aber eigentlich halte ich persönlich nichts davon. Also von der absolut strengen Auslegung. Ganz einfach weil man sie nie zu hundert Prozent einhalten kann. Was ist wenn man eine Grippe hat und die Viren töten muss? Du sollst nicht töten...
In der Bibel kommen aber keine Viren vor. Was ja auch logisch ist. Die größten religiösen Texte wurden über Genrationen weitergegeben und divers ausgelegt. Es wurde über Zeit bestimmte Teile weggelassen, anders übersetzt oder dazugeschrieben. Und dann gibt es auch noch die Urfassung die mit dem modernen Buch ungefähr soviel

gemeinsam hat wie Grünkohl mit Blaukraut. Ich sehe sie eher als Ergänzung und Teil einer Wahrheit als das sie eine komplette enthalten würden. Ich nehme da keinem Text gleich welcher Religionsgemeinschaft etwas weg und jeder soll tun und lassen was er will. Bei mir im Regal stehen, die Bibel, der Talmud, der Koran, die Edda und noch andere Religiöse bzw. Kulturell wichtige Texte nebeneinander im Regal, und ich habe meine Bücher noch nie Streiten hören. Es sind immer die Menschen die sich um eine gewisse Auslegung des Textes streiten oder ihre kulturelle Gruppierung und den Text und deren Auslegung für ihre Zwecke verwenden. Mich hat mein Leben mehr gelehrt als jedes dieser Bücher. Ich lerne aus meinem Leben, denn mein Leben ist das größte Buch für mich. Es ist Reichhaltig und hat endlos viele Seiten. Jeder Mensch ist eine eigen Kultur für mich was der jetzt für'n Buch liest oder welcher Religion oder was auch immer er auch für einem Trachtenverein der angehört ist mir echt egal. Ich will mit dem Menschen reden und ihn verstehen und nicht mit einem Buch oder irgendeinem ihm mehr oder weniger aufgezwungenem Wertesystem. Weil's ja Menschen sind und keine Steine in die man etwas eingemeißelt hat.

Am Pfarrfest kam der Pfarrer letztens zu mir, bei dem ich Jahrelang Ministriert hatte. „Wo arbeitest du jetzt?" fragte er neugierig „Bei der Diakonie als Fahrdienst." antwortete ich. Daraufhin sah er mich verwundert an „Bist du schon Katholisch?" und aus diesem Grund bin ich für eine Aufhebung des Zölibats. Es gibt welche die sind echt in Ordnung im Kopf und können damit Leben. Andere knallen halt einfach durch. Der Priester war immer vollkommen in Ordnung und immer freundlich zu mir (Nein nicht so wie jetzt manche über katholische Priester denken er war wirklich voll in Ordnung, es gibt auch andere) und ist bis zum heutigen tage ein Vorbild an Pünktlichkeit und Disziplin, aber er hat einen Knall! Zwar keinen Großen, aber wenn ich mein Leben lang nicht Vögeln würde aber müsste für meine psychische Gesundheit, hätte ich auch einen Knall. Es sei hier auch erwähnt das es auch andere gibt die wunderbar damit Leben können und tolle Priester sind. Andere stehen zu ihrem Knall und arbeiten mit ihrer Verrücktheit.

Wieder andere haben tausend Kinder mit tausend Frauen, aber darum geht es nicht. Wenn man das Zölibat lockern bzw. aufheben würde, oder den Priestern selbst die Wahl ließe, dann könnte das was da in ihnen entsteht auch in Konstruktivere bahnen fließen. Wenn ihr versteht was ich meine, und nicht in destruktive. Viele geistliche sind sehr zuvorkommende liebevolle Menschen, die nie lernen bzw. vermittelt bekommen mit der Abstinenz umzugehen. Oder vielmehr mit dem was da in ihnen entsteht währenddessen. Und dann ist die Natur dieser Personen einer gewissen Unnatürlichkeit ausgesetzt was zu Unwägbarkeiten in ihrem Seelenleben führt und sie krank macht. Ich werde nicht fordern das Zölibat abzuschaffen. Es gibt käufliche Frauen (die das auch aus freien Stücken machen sollten und nicht unter Zwang, gibt es beides) die eine Option eröffnen würden. Oder eine Art Sonderstellung für verheiratete Geistliche die ihren Dienst am Göttlichen ausbauen könnten und nicht versagt bekommen sollten. Es gibt Liebe die größer ist als alles andere und dieser Liebe sollte man folgen. Nur wenn der Weg den Menschen zerstört und er zu einer Chimäre wird obwohl er vorher ein funktionierender Schäfer war, denke ich aus Vernunftgründen, dass dies nicht direkt im Sinne des Erfinders war.

Es gibt ja, ganz tolle Bräuche in der Kirche. Als ich noch Ministrant war sind wir immer zu heilig drei König Sternsingen gegangen. War immer ein schönes Erlebnis. Einer Mit der Kasse (eine für Ministranten eine für Mission), einer Trägt den Weihrauch und so weiter, und der Dritte das restliche Zeug. Ich war meist Sternträger. Einmal haben wir frische Kohle und Weihrauch angeheizt und dann den Kessel geschwungen. Das Geräusch höre ich bis heute „Klack".
Und mein Kollege hatte nur noch den Henkel in der Hand. „Wir gehören nicht ihrem Glauben an!" sagte dann der Familienvater als wir geklingelt haben. „Wir wollten eigentlich auch nur den Weihrauchkessel von ihrem Dach haben...". Ein anderes mal haben wir Blindgänger von Silvester in dem Weihrauchkessel verheizt. Und eigentlich immer so, dass die Teile auf der Straße hochgingen und nicht vor dem Haus. Bis mir mehr oder weniger auseinander waren einer nicht aufpasste, klingelte (Höre ich heute auch noch „Spinnst du?!") und wir uns schnurstracks mit eingeheiztem Kracher aufstellen mussten. Eine nette Dame öffnete und in dem Moment ging das Teil hoch und verteilte den Inhalt des Weihrauchkessels in der nähren Umgebung.
Ob wir schon die drei „heiligen" sind? Da ist der Pfarre selbst nicht sicher. Eigentlich waren wir ja vier. Der Stern leistete auch immer gute Dienste als es im unteren Dorf bei den Bauern Glühwein gab und ich einen Rausch hatte. Wir machten dann noch genau ein Haus vor der Mittagspause. Den Glühwein gab's davor, den unhaltbaren Lachkrampf mit zwanghaftem einhalten am Stern danach. Gott was war mir nach den Wiener Würstchen schlecht. Einmal hatte es Eisregen, und ich hangelte mich am Geländer hoch zum Haus das etwas am Berg hoch lag. Es war Spiegelglatt, doch der ältere Ministrant meinte so zu mir was ich mich so anstelle
.

Kaum gesagt schwebte er einen guten Meter über dem Boden. Da die von ihm getragene Kasse sämtlichen Inhalt verlor, beschloss er das herausgefallene Geld der Mission als Schmerzensgeld in die Minsitrantenkasse zu packen. War an diesem Tag auch berechtigt. Es hatte gute minus 15 Grad. Unzählige Stürze, Zerrungen und Prellungen folgten fast bei jedem Haus. Ich glaube der andere der den Breit gepflasterten Vorgarten betreten hat, kann irgendwie keine Kinder mehr bekommen. Stellt ihn euch jetzt bitte nicht so breitbeinig vor...

Ja, da war die kleine Klara (53) wohl sehr überrascht das von ihrer Mutter (69) zu hören. Die ihr auch im gleichen Atemzug beichtete das das all-nachts keine Tiersendungen waren die da ihre Eltern anschauten. Sie wollte einfach das ihre Tochter im zarten Alter von dreizehn nicht aufhört an den Klapperstorch zu glauben und nahm sie aus diversen Gründen aus dem Sexualkundeunterricht. Man kann diverse Körperteile voll Fantasie lange und oft genug kombinieren was zweifelsfrei eine Schwangerschaft verursacht aber vom Otto-normalen Küssen wird man nicht schwanger. Bloß das glauben Teile unserer Jugend. Und das tolle dabei ist, so etwas passiert nicht irgendwo im Wunderland oder der dritten Welt, sondern hier bei uns in einer doch recht aufgeklärten Gesellschaft. Ich habe es auch selbst Miterlebt sonst würde ich es ja auch kaum glauben. Vor knapp fünfzehn Jahren fuhr ich mit einem Freund von mir in die Partnergemeinde seiner Kirche ins Nachbarland. Wir kamen an und es war eigentlich ganz nett, als plötzlich der männliche Teil eines Jungen Paares (sie war im späten achten Monat) das Wort an die Gruppe richtete. Mit leicht flatternder Stimme, er wusste offensichtlich nicht wie er das rüber bringen sollte, er und seine Freundin müssten die

Gruppe verlassen. Der Rest vom Fest war ganz besorgt und fragte auch was los sei. Ich dachte Gut vielleicht ziehen die Weg oder haben irgendwie andere Probleme. Darauf sagte er dann etwas das für mich und für vielleicht fünf weitere der anwesenden doch recht offensichtlich war. Er wies uns darauf hin das seine Freundin schwanger sei. Worauf die Gruppe im Chor antwortete „Wie schön Gott schenkt euch ein Kind!". Und der Blick des Erzeugers und meiner trafen sich und wie durch Geisterhand wusste ich – die beiden ziehen wirklich weg. Gut man kann doof wie Brot sein und wissen wo die Geschlechtsteile liegen und auch über ihre Grobe Verwendung mit dem anderen Geschlecht informiert sein. Das war jedoch etwas anderes. Aus Glaubensgründen sind Teile dieser Gruppe nicht aufgeklärt worden. Kinder kommen in der Regel vom Poppen oder von künstlicher Befruchtung oder aus anderen Gründen in ein weiblichen Wesens gebärfähigen Alters hinein. Zumindest jetzt. Sollte Gott mal vorsehen das zu ändern und mit seiner Kanone aus einer anderen Sphäre heraus selbst Hand an eine Frau zu legen, gehe ich in erhöhtem Maße davon aus das er uns das mitteilen wird. Aus normaler human-biologischer Sicht gehören immer Männchen und Weibchen dazu. Hier klammere ich bewusst alles künstliche aus. Das andere was dahinter steht, die Wahrscheinlichkeit der Zusammensetzung und das ein Mensch genau so entsteht wie er entsteht und dann so ist wie er ist, das halte ich für den göttlichen Beitrag. Und das er genau in dem Moment auf die Welt kommt um genau auf seine eigene individuelle Art und Weise im Weltgeschehen mitzumischen. Gleich welche dies auch immer sei.

Hier ist auch zu sagen das die weibliche Neoemanzipation genauso kontraproduktiv für eine vernünftige zwischenmenschliche Beziehung ist wie wenn man gleiches Wesen mit Karacho unter den Tisch prügelt. Liebe Männerwelt, eine Frau hat euch auf die Welt gebracht. Aus irgendeinem Grund wurde eure Erzeugerin mit euch schwanger. Und aus irgendeinem Grund seid ihr noch am Leben und lest das hier. Und ich frage euch jetzt warum das so ist. Man hat euch also nicht abgetrieben. Mein leiblicher Vater hat meiner Mutter die Zähne eingeschlagen, denkt ihr das ich auch nur eine Frau je unter den Tisch schlagen würde? Das schlimmste was ich jemanden antun werde ist das ich eben besagtes Wesen an das Leben zurückgebe aus dem sie gekommen ist wenn sie mich wie Arsch behandelt.

Sie kann weder auf meine Zeit zählen, noch auf meine Verlässlichkeit, noch auf meine Erfahrungen, noch auf irgendein anderes Teil aus meiner Schatzkiste. Die könnt jetzt nackt nur mit der Unterhose aufm Kopf am Südpol sitzen und am erfrieren sein. Ich nehme das Scheiß Telefon nicht ab. Aber ich werde sie nie verprügeln. Ganz einfach. Wenn du meine Partnerin bist und am Südpol festsitzen würdest wäre ich schon lange genug unterwegs das wenn du mich anrufst mein Telefon hören würdest wie es neben dir klingelt. Und ich hab dann meist noch deine Lieblingspralinen dabei. Weil ich gespürt habe das es auf Gegenseitigkeit beruht. Und das ist auch ein wesentlicher Teil einer Beziehung. Ihr könnt Dick und doof sein und alle zeigen auf euch mit dem Finger. Das ist scheißegal weil das was ihr beide habt euch beiden guttun muss und für euch beide normal sein soll. Nicht für alle und jeden sondern nur für euch zwei. Ich habe nicht die großen Beziehungen in meinem Leben geführt, das ich sagen könnte ich weiß wie es läuft, aber ich kenne den Grundsatz einer funktionierenden Beziehung. Jeder Mensch bei dem gewisse Dinge nicht funktionieren sollte sich irgendwann hinsetzen und sich fragen warum das so ist wie es ist. Man kann aus den Fehlern der Vergangenheit sehr viel lernen. Ich hätte an irgendeinem Punkt meines Lebens sagen können, alle Frauen doof und gehören unter den Tisch geschlagen. Ich habe mich stattdessen gefragt warum mich meine Mutter weggegeben hat, warum mein Vater ein schwieriger Mensch war und warum mein Leben so ist wie es ist. Und man kann sich die Stimmen der Erfahrenen anhören die ähnliches mitgemacht haben und positiv daraus hervorgingen und von ihnen lernen oder eben nicht. Es gibt Dinge die man nie von niemandem gesagt bekommt und auf die man selber kommen muss. Daher frage dich mindestens dreimal warum bevor du über irgendwas endgültig Urteilst. Mach ich bis heute und es funktioniert. Und siehe da eine echte Verbesserung.

Es gibt die göttliche Logik und die des Menschen. Wobei sich aber eher Gott meistens wundert und nicht der Mensch. Manche Dinge sind so was von logisch und das mit Anlauf das man gar keinen Universalübersetzer braucht. Andere gar nicht. Es ist auch irgendwie klar wenn ich in einen Zeitlosen Raum den Wunsch sende in drei Tagen, die kein tage haben, dass das dann irgendwann kommt. Nicht zwingend mit der Drei verbunden. Stell dir vor das die Kinder die du einmal hast zweimal Existieren da oben. Einmal vor ihrer Geburt und einmal nach ihrem Tod. Dann weißt du auch ungefähr was die da oben von dir und deinem Leben wissen. Mit da oben ist deine Frau die du mal haben wirst vor ihrer Geburt, und nach ihrem Tod. Und die Momentane Version sitzt bei dir auf der Couch. Schaut sie von oben runter „Schau hin Uschi, des musst du dir merken! Nicht durchdrehen wenn er in die frisch gespülte Maschine die volle Kaffeetasse ausschüttet. Und noch ein Tipp schlafe nicht in einem Zimmer mit ihm wenn du einen Eiersalat gemacht hast!" Ja, bloß blöde wenn man beim hernieder-fahren in die Existenz den ganzen Quatsch wieder vergisst....

Ich glaube auf die weise die für mich richtig ist und die für mich alles erklärt. Aber es ist nicht die ganze Wahrheit sonder immer nur ein Teil davon. Ein winzig kleiner Teil davon. Verschwindend klein. Das zu erfassen was alles wirklich vorgeht. Warum und wie und wo, was warum wann und und und alles mit allem Zusammenhängt keine Ahnung. Niemand kennt einhundert Prozent der absoluten Wahrheit. Die Wahrheit hinter allem ist für Menschliche Begriffe nicht zu erfassen. Vielleicht irgendwann. Man müsste alle Wahrheiten in einen Topf werfen, von Grund auf Analysieren und alles auf den kleinsten Nenner zerlegen. Niemand der das dann gemacht hat hat dann die absolute Wahrheit. Es wird immer ein Teil fehlen zum gesamten Bild. Und wenn man so darüber nachdenkt und sich auch eingesteht das alles in Perfektion unperfekt, und in allen Farben an Dingen, Möglichkeiten und unendlichen Dingen mehr erschaffen wurde, beruhigt es einen nur. Es schafft ein gewisses Bild an Klarheit, dass man eigentlich nie wirklich klar sehen kann. Es reicht wenn man bestimmte Dinge weiß. Das alles in sich einen Sinn hat. Die wundervollsten Dinge wie die schrecklichsten. Nichts ist je verloren oder vergessen. Nichts geschieht ohne Grund oder irgendeinen Hintergedanken den wir noch nicht kennen. Vielleicht erfahren wir ihn irgendwann, wenn wir still in die Welt hinaus lauschen oder vielleicht in uns hinein. Es gibt Brunnen die endlos tief sind und aus denen man ewig schöpfen kann. Wenn man nur weiß wo er liegt.

Der Ende von Leben sollte nie ohne Grund sein und wenn dann einen bestimmten Sinn haben. In der modernen Industrie werden für deutlich über 10 Milliarden Menschen Nahrungsmittel produziert. Und trotzdem ist nicht der Tod durch Amokläufer. Selbstmordattentäter oder irgendeine Krankheit der Häufigste Todesgrund unter den Menschen, sondern Hunger und Durst. Das ist die freie Marktwirtschaft auf unserer Welt. Es wird Leben weggeworfen. Absolut Sinnfrei beendet. Nie hat der Tod dieser Tiere in der Industrie gleich welcher Art einen offensichtlichen Sinn. Ich esse Fleisch nicht weil ich tote Tiere gerne esse, sondern weil ihr Tod einen Sinn gehabt haben soll. Was bringt es einem Veganer wenn er begründet „Wenn ich kein Fleisch mehr esse, dann sterben weniger Tiere!". Sie sterben nicht weniger sondern noch Sinn befreiter. Ihr ändert nicht die komplette Nahrungsmittelindustrie also wachst mal auf ihr Kurzsichtigen! Ihr wollt Öko sein? Ihr achtet das Leben einen feuchten Scheiß! Geht mal in die Großschlachtereien. Jeder Tropfen Blut wird da umsonst vergossen weil die Tiere umsonst leiden und sterben und ihr sterbe in die totale Sinnfreiheit gebt.In den Tiefkühlregalen der Discounter stehen über 150 verschiedene Fleischprodukte wenn es reicht. Und jetzt rechnet das alles mal auf jeden Discounter der Kette hoch, und dann nehmt noch alle der anderen Ketten dazu, dann noch alle Länder die es so gut geht wie uns hier. Alle diese Produkte die wir nicht verwerten, werden schon einem Zweck zugeführt aber das wofür sie eigentlich gemacht wurden um Hunger zu beenden bzw. zu stillen eben nicht. Ihr ändert daran gar nichts indem ihr kein Fleisch esst.
 Ganz einfach weil es nicht darum geht, sondern es geht ums Geld einzig und alleine. Das sind Konzerne, denen seid ihr so Wurscht wie der Dreck unterm Nagel. Die Produzieren höchstens dazu, was eher noch mehr Nahrungsmittel

hervorbringt die wieder nicht verwertet werden. Also wenn ihr für etwas kämpfen wollt, dann für den Sinn des Todes. Das bevor man Leben nimmt überhaupt fragt ob es genommen werden muss.

Manche Dinge fallen mir leicht und andere nicht. Wenn ich pünktlich sein muss weiß ich wann ich losfahren muss und ankomme um rechtzeitig dort zu sein wohin ich auch immer hinfahren muss. Ich habe Geduld gelernt und dergleichen.
 In anderen Dingen habe ich keine Geduld und ich verstehe nicht warum die Dinge so sind wie sie sind. Ich muss in bestimmter Weise der Situation Vertrauen. Irgendeinen Sinn wird das warten schon haben. Auch wenn es nur den hat das ich jetzt dieses kleine Buch schreibe. Manche Dinge weiß ich schon mein ganzes Leben lang, andere sind völlig neu.
Ich habe mir oft von meinem Leben erzählt ich habe mir vorgestellt wie ich gelebt habe und habe mir aus dem Leben erzählt. Heute weiß ich das mein älteres Ich nichts umsonst sagte. Alles hatte eine Berechtigung. Jeder Rat, jede Geschichte, jede Weisheit. Alle berechtigte Stille.War immer da, jetzt und wird immer da sein. Ich verschwinde in diesem älteren Selbst immer mehr und werde immer mehr zu ihm. Seine Kraft, seine Weisheit, seine Ruhe. Alles ist heute mehr in mir als damals als ich diesen Weg eingeschlagen habe. Es ist ein komisches Gefühl, in jemanden Heimzukehren den man sein ganzes Leben bei sich trug und der einem von einem Leben erzählt das man noch nicht kannte. Über Menschen zu hören, die heute da sind und damals keinen Sinn gemacht hatten. Wer ist der einsamste Mensch im gesamten Königreich und warum ist er es auch nicht? Das ist immer der gute und gerechte König. Er muss jeden nach seinen Gesetzen behandeln,egal wie nah oder fern sie ihm sind. Und er muss sich an jeden Tisch in seinem Reich setzen

können und herzlich Willkommen sein. Einer stirbt für zehn, zehn für hundert Hundert für tausend und so weiter. Millionen sterben für Milliarden. Doch dieser Mensch in deinem Leben stirbt für Milliarden. Heute weiß ich das nicht der Tod im eigentlichen Sinne gemeint war sondern das mich dieser Mensch verändert und besser macht. Mein altes Ich sterben lässt. Und ich dadurch ein anderer werde. Wie der Phönix. Und Seit kurzem weiß ich auch was das bedeutet. Ich weiß momentan nicht wie es mit dieser einen Person weitergeht. Aber das erste mal in meinem Leben fühle ich mich Zuhause. Die Arbeit geht mir leicht von der Hand und auch alles andere. Daher lass dein Herz entscheiden welchen Partner du bekommst. Seelen erkennen einander. Und wenn sich zwei davon ergänzen werden sie zu einer neuen größeren und stärkeren. Es ist alles Miteinader verbunden sie spürt mich genauso wie ich sie spüre in mir. Sie ist immer bei mir und ich bin immer bei ihr.

Es gibt eine Seele die ich erschaffen habe und die irgendwann einen Körper verlangen wird. Von dem her ist es mir lieber wenn sie diesen von mir bekommt. Da ich eher weiß wie dieser aussehen soll. Ich bin soviel durch mich und die Ewigkeiten in mir gereist und es hat mich immer weiter voran gebracht. Ich habe keinen wirklichen Platz an dem ich leben möchte, weil ich immer an dem Ort Zuhause bin an dem ich bin. Das erste was ich auf eine einsame Insel mitnehmen würde wäre ich selbst. Denn ich bin in mir Zuhause. Jetzt noch mehr als noch vor einigen Monaten. Manchmal denke ich, das viele Dinge oder vielleicht auch alle, genau so sein sollen wie sie sein sollen. Ich bin mittlerweile mein Ithaka, ich bin heimgekehrt. Ich kann alles finden was ich möchte und alles erreichen was ich will, einfach weil ich das schon habe. Ich kann jeden Punkt jeder

Welt betrachten, denn alles ist ein Teil von allem und alles ist ein Teil von mir. Die Gesetze nach denen ich lebe dienen mir und nicht ich ihnen. Sie retten jeden Tag Leben. Das meine und das anderer Menschen. Außerdem lassen sie mich mein selbst immer weiterentwickeln. Einfach weil dieser eine kleine Funke da war. Vor Jahren. Und er ist gewachsen und ist nun ein Feuersturm in mir. Immer wieder verbrenne ich mich selbst. Und aus einem letzten Funken erstehe ich neu. Ich habe nur auf der Welt meine Seele und mein Herz. Alles das was über dieses hinausgeht besitze ich nicht. Ich habe nichts zu verlieren, denn ich werde nichts mitnehmen können. Aber ich will etwas hier lassen. Meine Seele und mein Herz. Meine Liebe die ich dem Menschen geben will die mein Schicksal ist, und den Menschen dieser Welt. Der Zukunft die ich mir für meine Kinder und deren Kinder und allen kommenden Generationen wünsche. Nicht diese Welt, sondern eine andere. Ich weiß das ich alles richtig machen werde, denn meine Kinder haben mir bereits gezeigt, dass ich schon alles richtig gemacht habe. Ein Gebet und sie sind bei mir. Ich höre den der mein Lehrer war immer weniger, vielmehr bin ich es nun selbst. Ich verschwinde immer mehr in meinem Schicksal. In der Geschichte die ich hiermit schaffe. Dies ist mein Herz und meine Seele. Lernt von ihr und nehmt euch was ihr braucht.

Wen du liebst soll dir nur dein Herz sagen. Nicht die Welt soll es bestimmen sondern nur deine Liebe. Die Seelen der Menschen werden einander erkennen. Wenn du jemanden liebst mit einem „unehrenhaften" Beruf oder stand, folge deinem Herz und dein Schicksal wird folgen. Lerne aus allen Wegen die du gehen wirst und aus allem Schmerz den du für die Liebe erleidest. Du bist der Gärtner deiner Seele mache den schönsten und stärksten daraus während du auf deiner

Odyssee bist. Durch alle Gezeiten und vorbei an allen Monstern dieser Welt. Heimkommen wirst du als ein anderer. Wenn sie den nicht liebt der du durch den Schmerz geworden bist, dann wurdest du gereinigt und gestählt für eine andere die reiner und größer ist als alles was du dir jetzt gerade vorstellen kannst. Die Welt zu retten fällt mir heute leicht, und ich kann sie retten, denn ich habe diese eine Liebe gefunden wie mein Lehrer es mir einmal sagte.

„Mein Schüler, es wird dir einmal leichter fallen die Welt zu retten als die Liebe darin zu finden die du suchst. Aber du wirst das eine brauchen um das andere zu tun"

Diese Medien vermitteln immer einem perfekt zu sein, doch vergisst man dabei den menschlichen Faktor total. Ich versuche nichts anderes zu sein als ein Mensch. Jeden Tag versuche ich genauso zu sein wie ich bin. Und ich höre oft das ich anders bin als alle die anders sind. Und darüber bin ich froh. Ich bin nicht perfekt, aber ich bin ich und lasse mich nicht leben. Lieber mit Anlauf anders, als mit Gewalt gleich. Und alles was ich darüber hinaus bin über all das lasse ich das Schicksal, die Menschen und die Geschichte entscheiden. Ich will als der Mensch geliebt werden der ich bin und nicht als der den alle in mir sehen wollen. Meine Nichte sagte ich bin der beste Onkel der Welt. Bin ich das? Wahrscheinlich schon, vielleicht auch nicht. Ich weiß es nicht. Ich bin der Onkel der ich sein muss wenn ich es sein muss. Eines der Kinder sagte mal „Ich will so sein wie du, du bist mein Vorbild!". Ich weiß nicht ob ich ein Vorbild bin. Manchmal bin ich mir selbst zu tief und zu kompliziert. Man darf gerne parallelen ziehen und gewisse Dinge übernehmen. Aber alles wäre zu viel verlangt und zum anderen ist es unmöglich, meine Fehler und alles nochmal zu machen. Irgendwann hatte ich die Idee, ich müsse ein Multifunktionswerkzeug zum Vorbild haben. Alles dabei wenn man es braucht. Und das beschreibt mich auch recht gut.Von außen recht hübsch und Innen recht funktional und kompliziert. Wenn du so werden willst, dann lerne mit Leuten zu reden die Erfahrung haben. Also rede mit denen die vom Rummel kommen und nicht mit denen die das erste mal hingehen. Dann solltest du lernen, zu wissen wo du das lernen kannst was du lernen willst. Ich habe zig Bücher, die mir vermitteln was ich wissen will oder was mich weiterbringt. Aber es gibt halt etwas das dich kein Buch lehrt sondern das Leben an sich. Nietzsche sagte einmal „Gott ist tot". So wie ich es auslege, vergiss Hoffnung und lerne aus deinem Schmerz und den Schwierigkeiten. Dann fällt dir das Leben leicht. Und dann kommt die Hoffnung von ganz alleine. Wir vergessen oft, dass das leben das wir momentan haben, ein Geschenk ist. Keine Selbstverständlichkeit sondern ein goldenes Geschenk. Aber so golden es auch ist, so gefährlich ist es auch. Die Menschen lernen aus Sattheit nicht, sondern fordern immer nach. Einen Teil von mir halte ich immer hungrig. Ich stille nicht jeden Hunger den ich habe. Einfach weil ich wissen will, wie es ist wenn Herz und Seele hungern. Heute betrachtete ich Bläschen die in einem Mineralwasserglas aufstiegen. Ich suchte ihre Schönheit und fand sie. Egal welche Einzigartigkeit ich betrachte. Ich finde immer Schönheit. Ich betrachte alle Achtsam und das stillt einen Teil eines anderen Hungers.

Wenn man etwas nicht sieht, heißt es noch lange nicht das es nicht da ist. Wie das gute bzw. das beste in jedem Menschen. Nur weil die Welt in der du bist nicht versteht wer du bist und dich nicht so akzeptiert wie du bist, heißt es noch lange nicht das du falsch gebaut bist. Es heißt nur die

Leute bzw. die Welt in der du Momentan bist versteht nicht wer du bist. Aber das müssen sie auch nicht. Ich weiß aus eigener Erfahrung das jeder Mensch zwei Seiten hat, auch wenn man nie beide Seiten sieht, sind immer beide da. Das beste wie das schlimmste. Man muss nur beide Seiten in sich finden und akzeptieren. Lieber mit Anlauf anders als mit Gewalt gleich. Jeder Mensch ist eine eigene Kultur. Niemand wird dich akzeptieren wenn du dich nicht akzeptierst. Ich nehme die Menschen immer wie sie sind. Ich frage nicht das Wertesystem dem ein Mensch angehört sondern ich frage und rede mit dem Menschen. Glaube an das beste in dir und setze es mit allem was du hast, bist und kannst für die Menschen ein.

Mein Schicksal ist zu einem großen Teil Einsamkeit. Es gibt so vieles das die Menschen nicht sehen wenn sie mich sehen. Vieles das ich weiß aber nicht sage. Oder Fühle und nicht in Gedanken fassen kann. Ahnungen waren immer da, doch bevor diese in die Wahrheit traten, waren es nur Schatten die umherschlichen. Man spürt ihre Anwesenheit, wird beobachtet, spürt ihren Atem auf seinem Herzen und seiner Seele. Gleich welcher Temperatur, glühend heiß oder Eises kalt. Bei allem was ich spüre, oder zu spüren gelernt habe, ist da immer ein Schatten der auf mich blickt. Als würde es alles senden um im richtigen Augenblick über mich herzufallen. Das endgültige Schicksal, groß und ungesehen. Ich in der Welt. Welchen Teil der Welt werde ich ausmachen? Welche soll ich ausmachen? Ich habe nichts zu verlieren. Momentan ist es mir egal ob ich hier bleibe oder nicht. An hat mich gefunden, das Ithaka hat mich gefunden und geht nicht mehr. Was wird diese Heimstadt mit mir machen? Das Schicksal, dies wärmste Schicksal. Die gewohnte dunkle Odyssee ist vorüber und entlässt mich in eine neue Welt. In eine neue Odyssee die ich nicht mehr mit suchender Seele antrete. Viele Dinge weiß ich über meine Leben und es liegen noch mehr im Schatten. Stufe für stufe zum Thron meines Herzens.

„Gott, wann werde ich die Kraft haben die ich brauche?„
Und er antwortete „Wenn du sie brauchst."

Lass dir nicht einreden, dass Liebe einfach sei. Zumindest nicht diejenige die in deinem Leben wirklich Bedeutung hat. Höre nicht auf die Welt, höre auf dich. Wenn die Welt spricht, sage „Ist es wichtig?". Und du wirst erkennen, dass all das was Bedeutung haben sollte, von einem Moment auf den anderen winzig klein im Schatten steht. Du wirst erkennen ob es wirklich Bedeutung hat oder nicht. Nein, bedeutende Liebe ist nicht einfach, sie ist es wert. Die wirklich bedeutende Liebe ist es wert alles für sie zu tun, alle Wege zu gehen. Alles zu riskieren. Neue Wege zu finden und diese zu gehen. Die richtige Liebe verwandelt dein Leben in ein davor und ein danach. Du bist angekommen und weißt wer diese Person in deinem Leben ist. Und was sie aus dir macht. Etwas All-heiliges. Etwas Ganzes, komplettes. Du stehst zum ersten mal über alles Dingen. Und die Fesseln deines alten Daseins fallen von dir ab. Immer mehr, jeden Moment. Aber einfach? Nein einfach ist es nicht, aber über alles erhaben und absolut wert jeden Weg dafür zu gehen. Du wirst es wissen. Du wirst es spüren. In dir wird der Punkt sein der bleibt und der mit diesem Menschen kommt. Dieser Mensch bleibt bei dir und war immer schon da.

Apokalypse heißt Offenbarung. Bedeutet also das etwas Offengelegt wird was vorher nicht bekannt war, was aber die Welt und die Existenz an sich betrifft. Also – Verdammt die

Anbeter des Toastbrotreligion hatten doch recht! Oder Gott hat also doch auf die Scheibe genießt. Würde zumindest vieles erklären, aber eben doch auch nicht wirklich alles.

Armageddon bezeichnet man (so wie ich es verstanden habe) die endgültige Schlacht zwischen Gut und Böse. Heißt also die finale extra harte Sadomaso Party, bei der die Guten und gerechten quasi weniger Peitsche kriegen. Entrückung ist so zu erklären das alle Existenz, und alle Seelen die gleich in welcher Existenzform auch immer vorhanden sind zurück in einen Göttliche Körper gehen. Quasi wieder zum Sandkorn zurückkehren von dem sich das eine göttliche Bewusstsein entfaltet hat. Dieses befindet sich irgendwo auf der Welt und ist auch gleichzeitig die komplette Existenz.

Bei der Entrückung gibt es nur ein Faltung nach innen und nicht nach außen. Daher kann man auch in hoher Wahrscheinlichkeit davon ausgehen das irgendwo einen metaphysischen Solipsisten gibt der nicht aus blanker purer Langeweile an seiner Außenwelt zweifelt. Sondern eher aus logischen für ihn selbst nachvollziehbaren.

Den Glauben den ich heute habe, den hat mir keine Sekte vermittelt oder ähnliches. Mein Leben, sowie verschiedene Ein- und Ansichten darüber die aus Erfahrungen entspringen, haben mir das vermittelt. Es ist der der für mich Richtig ist. Für jemanden anderen kann ein ganz anderer Glaube richtig sein. Für mich persönlich ist es wichtig sich nicht vorschreiben zu lassen wie oder an was man Glauben soll bzw. welches System das Richtige ist. Wenn man Platz in seinem Leben schafft auf bestimmte Art und Weise und sich einfach vom Glauben selbst finden lässt, das ist für mich die einzige Weg zu einem der Tief genug ist um unauslöschlich fortzubestehen. Ich glaube an die göttliche Art der Vielheit der Dinge in allen Bereichen. Den Sichtbaren sowie den nicht wahrnehmbaren. An die ungeteilte Dualität, das heißt den Sinn in allem was passiert bzw. nicht passiert. Daran das sich die gesamte Schöpfung fortwährend evolutionär weiterentwickelt. Ich werde nicht an Wertesysteme oder Glaubenssysteme herantreten sondern immer versuchen den Menschen selbst kennenzulernen. Ihn losgelöst von seiner Welt zu verstehen und seine gesamte Entwicklung betrachten. Ihn einfach nehmen wie er ist und ihn in seiner Einzigartigkeit akzeptieren. Ich gehe nicht in Messen oder zu großen Religionsfeierlichkeiten. Seit einiger Zeit ist dieser Punkt in meinem Leben der von einem tiefen Glauben durchsetzt ist. Aber die Identifizierung dieses Punktes fiel mir sehr schwer. Ich versuchte ihn immer zu fassen und zu fixieren. Doch es gelang mir nicht. Seit meiner Kommunion war ich bei den Ministranten gewesen. Bis zu meinem siebzehnten Lebensjahr. Nur hat mich all diese Zeit keinen Schritt weiter an den Glauben herangeführt den ich heute habe. Der Pfarrer war wirklich ein disziplinierter und pünktlicher Mann der für normale Messen genau fünfundvierzig Minuten brauchte.

Ich bin zwar für eine gewisse Erleichterung des Lebens durch Technologie und Fortschritt an sich. Dennoch sollte der Mensch nicht verlernen oder gar vergessen was ihm erleichtert wird. In wie weit darf also dies für den einzelnen sowie für die Vielen die Individualität und die Selbständigkeit enteignen? Bevor dies alles was an jenem unser Leben, Linderung oder Fluch ist an uns herantreten lassen, sollte jeder einzelne lernen ohne diese Dinge zurechtzukommen. Nach einer gewissen Abstinenz aller erweiterten fortschrittlichen Fülle, soll es jeder einzelne selbst entscheiden, in welcher Form er diese Nutzen will oder eben auch nicht. Fortschritt muss vor allem in uns stattfinden damit wir mit den Segnungen dieser Zeiten und auch der kommenden Verantwortungsbewusst umgehen können.

Oft sind es kleine Randbemerkungen im Leben.Gedanken die uns in gewisser Weise helfen uns selbst zu akzeptieren und mit unserem Schicksal umzugehen. Es gab jemanden auf der Welt, der uns in unserer dunkelten Stunde liebte, ganuso wie er zu unseren hellsten tat. Wir haben dieses Leben weil uns jemand braucht, genauso braucht wie wir sind. Weil er uns liebt auch in unserer dunkelsten Zeit in unserem Leben. Wenn du weißt warum du die Dinge durchmachst die du durchmachst, würde der Wert an sich ein ganzes Stück kleiner werden. Wir müssen nur erkennen lernen, dass das was wir durchmachen mit einer bestimmten Art von Liebe geschieht. Der Liebe genauso zu werden um den anderen, auf welche Weise auch immer in gleicher Weise auch immer, positiv und in genau der richtigen Art und Weise und absolut einzigartig weiterzuhelfen. Den Menschen und die Seele so zu beeinflussen, dass sie genau diese Art und Form der Weiterentwicklung erfährt, um das große ganze zur Weiterentwicklung zu verhelfen.

Für mich mit einer metaphysisch solipsistischen Weltanschauung hat der Tod an sich eine andere Bedeutung. Für mich ist das eigene Bewusstsein die einzige nachweisbare Konstante. Es ermöglicht mir nach meinen eigenen ermessen, falls ich es will, anders an meine Umwelt heranzutreten und auf sie zu blicken. Der Christliche Opfertod eines lebendig gewordenen Gottes, ist ein Beweis des Bewusstwerdens dieses Geistes in die Gegenwärtigkeit an sich und das wieder verlassen der selben. Bewusstsein und Nichtbewusstsein bedeuten daher auch Lebendigkeit erleben und Tod-sein im Moment an sich. Es gibt keinen absoluten Tod, kein absolutes Negieren irgendeiner Entität auch wenn diese stirbt bzw. in seiner bisherigen Existenz aufhört zu existieren. Ob dies nun nur als seelische „Energieform" ist, oder als das aus dem bewussten Gegenwartserleben hin in diese übergegangene die wiederum in das Ätherische Allbewusstsein übergeht. Man kann als einziges Bewusstes nicht zu nichts vergehen. Man kann höchstens umstrukturiert werden um zu einer Weiterentwicklung des kompletten ganzen beizutragen. Diese höhere Weiterentwicklung ist für die Menschen nur absolut selten aber in so gut wie allen Fällen nicht bewusst erfassbar. Sie findet getrennt von dem bewussten Jetzt statt und hat immer einen tieferen oder auch anders genannt höheren Zweck.

Eine Auslegung des Sündenfalls besagte das es im Paradies zwei Bäume gegeben habe. Der eine war der für das Ewige Leben und der andere war der des „Erkenntnis". Und zwar der über die von Gut und Böse, von ihm zu essen war von Gott verboten und Sünde. Betrachtet man nun die Welt seit jenem Vorfall (fiktiv oder nicht) und auch die Betrachtungen der Menschen, selbst der die nie etwas hatten, greift dieser in so gut wie allen Fällen. Jedem Menschen scheint ein verstehen von Gut und Böse, von Richtig und Falsch, innezuwohnen. Trennt man aber den Fremden anderen von dieser Betrachtung und geht ohne diese an ihn heran gewinnt er in sich an Wert sowie alle Menschen und auch alles was da ist. Und zwar dahingehend, dass alles den gleichen Wert hat und nichts absolut wertlos, absolut nachhaltig sinnfrei in Existenz besteht und in selbige gerufen wurde. Betrachtet man nun dies näher, und fühlt man sich in sich selbst Wertlos und Bedeutungslos, kann man anders an seine Existenz herangehen und auch auf sein Leben blicken. Wenn es keinen offensichtlichen Grund für eine Art der Existenz, dem damit unmittelbar erlebten verbundenen Schmerz und dem Leid gibt, muss es zwangsläufig einen für mich als Einzelnen einen nicht ersichtlichen höheren Grund geben warum ich hier bin und auf diese Weise Lebe.

Die meisten Menschen in der gesetzten westlichen Welt gehen von einer sehr beschränkten nahbaren und bodenständigen Sichtweise der Dinge aus. Diese sind nicht offen für einen erweiterten Blick auf die Welt was unter anderem eine gewisse Art der Identifikationslosigkeit und Leere in ihnen hervorruft. Manche werden nie in ihrem Leben diese füllen, oder etwas finden mit dem sie sich über all das was n ihrem Leben vor sich geht, identifizieren können. Dann gibt es diejenigen die sich auf die Suche machen auf die eine oder die andere Art und Weise. Und nicht wenige gehen dabei verloren. Sie folgen meist nur einem Blick auf die Welt und gehen dann nicht mehr frei an diese und auch nicht an diese Erweiterung ihres Lebens heran. Jeder Mensch macht an sich eine eigene Entwicklung durch und daher ist auch eine Sichterweiterung sinnvoll. Wenn man dabei nicht stehenbleibt. Man kann sich sehr unterschiedliche Philosophien und Ansichten über die Welt und das Leben anhören. Es ist auch unabdingbar und Notwendig dies zu tun. Nur eine harte Auslegung, ein ultimatives Gesetz und Vorschriften die für alle gelten und nur eine kulturelle Gruppierung innehat gilt es logischerweise nicht.Man kann die Grundzüge seines Kulturkreises als Grundzüge ansehen auf die man dann für sich selbst individuelle aufbaut.

Der Mensch im einzelnen muss sich selbst ein Freund sein und sich am besten kennen. Er muss in seine Tiefen vordringen und auch mit dem was er dort findet in Kontakt treten. Es kennenlernen und mit diesem Teil ebenfalls freundschaftlich Kommunizieren. Im zwischenmenschlichen sollte ein Grundsatz erklärt werden das jeder Mensch an den anderen auf die Weise herantritt, dass er ihm als Freund und ihm als nächster und Bruder begegnet. Es wird immer Bereiche in der Gesellschaft wie in der Welt geben die nie vollständig betrachtet werden können und im verborgenen bleiben. Dies ist auch im nicht vollständig erfassbaren Teil der menschlichen Seele bzw. des menschlichen Einzelbewusstseins vorhanden. Dieser Bereich wurde für mich von schweigendem nebelhaften Hintergedanken der gesamten Weltbewusstseins an sich geschaffen. Diese ist Intelligenter, sieht mehr, fühlt mehr und denkt mehr. Es Irrt nie und es ist Selbstversorgend. Sollte es in dem Zusammenhang, jemals eine messianische Gestalt geben, wurde diese von dieser allgegenwärtigen Weltintelligenz erschaffen. Somit für alle Menschen und für die gesamte Welt. Somit auch nicht nur für einen Kulturkreis. Vielleicht ist diese Person auf einen beschränkt, aber aus der Intelligenz des gesamten Bewusstseins aller Menschen und Kulturen Entstanden. Eine absolut perfekte Mischung, zur perfekten Zeit und am perfekten Ort.

Das absolut sichere Wissen kann es von Grund auf nicht geben. Es gibt nur Ansichten von Wahrheiten und keine absoluten Wahrheiten. Ein Wissen an sich, dass der Mensch in sich trägt von Grund auf ist eine Facette dieser Wahrheit die er bei sich haben muss um mit dem, was das Lebens in und an ihn geschmiedeten Wissen, umzugehen und individuell zu wachsen. Es gibt kein sicheres Wissen, nur ein festeres und sichereres, das in hohem Maße in und an ihm steht. Von Außen an ihn getragen, durch die größte Hitze der Erfahrungen, und in ihn steht von Geburt an. Die dadurch entstandenen Fertigkeiten, seien sie nun im innen oder im außen, sind einer steten Weiterentwicklung unterzogen und auf den jeweiligen abgestimmt. Sollte man diese in sich gestellte Wahrheit leugnen oder nicht zur Gänze annehmen, oder damit umgehen lernen sogar mit Gewalt ablehnen, führt dies zu einer Identifikationslosigkeit sich selbst gegenüber. Mit den Dingen mit denen man sich zuvorderst in sich identifizieren muss und umgehen muss, sind die Dinge die am sichersten und das größte Gewicht für einen persönlich in sich selbst darstellen. Wenn man dieses ablehnt wird die dadurch entstandene Leere und Schwere, einen immer in eine sehr große Krise führen mit der der Individuelle Mensch an sich nie lernen kann umzugehen. Weil es das Ablehnen des individuellen Selbst ist, das ebenfalls eine eigene meiste Schwere in sich trägt, das den Menschen der man ist mit sich in die Tiefe reißt.

Der Beweis der Wahrheit der eigenen Ansichten durch den Opfertod ist nicht essentiell notwendig um eine Ansicht zu beweisen. Man stelle sich vor jeder der philosophischen Persönlichkeiten und Gründer jeder Weltkultur würde sich, um die Wahrheit seiner Ansichten und Lehren zu beweisen, diese in seinem Suizid münden lassen. Kann man machen, muss man nicht. Man vergleiche UFO-Sekten und die großen Lehrer der antiken Philosophie. Die einen suchen Erlösung um auf ihren Heimatplaneten zu gelangen, die anderen nehmen den Freitod allerdings hin und akzeptieren diesen weil sie in sich selbst wohnen. Wenn ich die Wahl habe zwischen heimgehen und bei mir wohnen, denke ich das ich lieber einer Auslegung verfolge, die mir hilft mein seelisches

Wohnzimmer nach meinen Wünschen einzurichten. Dem Tod als großes Rätsel und unbekannte Größe im Leben aller, sollte man nach Möglichkeit recht unvoreingenommen entgegengehen, ihn einfach als unausweichlichen Teil seines Lebens akzeptieren. Aber irgendwie lustige Giftlimo zu saufen um in den kunterbunten Spaßpalast zu seinem Meister zu ziehen (der in den seltensten Fällen die Reise mit seinen Anhängern mit antritt, sondern hier bleibt und sich deren Besitz meist überschreiben lies) sehe ich doch nicht als große Verwirklichung meines Lebens. Sondern eher, den Menschen helfen um mit ihrer Normalität umzugehen, und ihnen helfen an ihr zu wachsen. Das ist eher mein Lebensinhalt, als mit UFOs durch die Gegend zu fliegen. Ich muss meine Ansichten nicht zum eigenen Suizid auslegen um zu zeigen, dass sie in einigen Bereichen sehr hilfreich sind.

Ein östlicher Philosoph sagte, dass zum Anbeginn der Zeiten, Gott in einen Spiegel blickte. Das Antlitz des allmächtigen blieb im Spiegel verhaften. Darauf hat der allerhöchste den Spiegel zerbrochen, indem er vorher blickte, und warf dessen Scherben über das Erdenrund. Für mich persönlich sind diese Spiegel das selbst eines jeden Menschen. Die einzigartige wahre Natur eines jeden einzelnen. Da es Spiegel sind muss man sich selbst und den Teil den Gott in ihm gelassen hat erkennen, um sich selbst zu erkennen. Weil es aber Scherben sind werden sie den Teil der nicht zu dem Menschen gehört, der man wirklich ist abschneiden. Man blutet in seiner Seele, in seinem Herzen. Dieses Blut macht einen ein Teil von sich selbst Reiner. Es spült den Teil aus seinem Leben hinaus, den man nicht darin haben soll. Sobald man in diesen Spiegel blickte, hat man sich selbst erkannt, und welchen Teil Gottes man in sich trägt. Man geht dann seinem wahren selbst nach und lebt kein aufgezwungenes

Leben mehr, weil man an den Platz findet, der genau für den einzelnen Richtig ist.

Die Menschen trauern oft an den Todesumständen. An Krankheiten, Gewalt oder einen anderen Grund für das eigene oder das Ableben des Anderen. Wenn man es aber genau betrachtet, sterben die Menschen zum Beispiel nicht an Krebs oder werden erschossen, sondern am Leben an sich. Jeder Augenblick in ihrem Leben führt sie zu einem anderen und schließlich auch zu ihrem letzten. Der Zusammenhang von Ursache und Wirkung.

Eine Auslegung des Sündenfalls besagte das es im Paradies zwei Bäume gegeben habe. Der eine war der für das Ewige Leben und der andere war der des „Erkenntnis". Und zwar der über die von Gut und Böse, von ihm zu essen war von Gott verboten und Sünde. Betrachtet man nun die Welt seit jenem Vorfall (fiktiv oder nicht) und auch die Betrachtungen der Menschen, selbst der die nie etwas hatten, greift dieser in so gut wie allen Fällen. Jedem Menschen scheint ein verstehen von Gut und Böse, von Richtig und Falsch, innezuwohnen. Trennt man aber den Fremden anderen von dieser Betrachtung und geht ohne diese an ihn heran gewinnt er in sich an Wert sowie alle Menschen und auch alles was da ist. Und zwar dahingehend, dass alles den gleichen Wert hat und nichts absolut wertlos, absolut nachhaltig sinnfrei in Existenz besteht und in selbige gerufen wurde. Betrachtet man nun dies näher, und fühlt man sich in sich selbst Wertlos und Bedeutungslos, kann man anders an seine Existenz herangehen und auch auf sein Leben blicken. Wenn es keinen offensichtlichen Grund für eine Art der Existenz, dem damit unmittelbar erlebten verbundenen Schmerz und dem Leid gibt, muss es zwangsläufig einen für mich als Einzelnen einen nicht ersichtlichen höheren Grund geben warum ich hier bin und auf diese Weise Lebe.

Das Leben lehrt uns Dinge und zeigt uns Dinge. Diejenigen die allerdings Bedeutung haben und uns viel über das Leben an sich, wie wir es brauchen und haben sollen beibringt, kommt nicht still. Wir wissen nicht warum in unserer Vergangenheit das Schlimmste oder etwas unerklärlich dunkles passiert ist. Schmerz zu empfinden und an ihm zu wachsen ist eine menschliche Eigenschaft. Es gibt Dinge die wir unbewertet lassen sollten bis diese in unserem Leben einen Sinn ergeben. Und das Merkwürdige daran ist meistens ergeben sie einen Sinn. Diesen müssen wir aber meist selbst finden, weil es unsere Lektionen sind und nicht die eines anderen Menschen. Unsere Geschenke die nur wir auf unsere eigene individuelle Art erhalten. Wir sollten selbst verantwortlich sein, welchem Lehrer wir folgen und in wie weit er uns begleiten soll. Lebenslehrer die uns nicht irgendwann uns unseren eigenen Weg gehen lassen, sind für mich persönlich keine Lebenslehrer. Jeder Mensch trägt ein heiliges Gesetz in sich, dass nur für ihn dort steht. Aber es zu finden und den Mut aufzubringen durch die Pforte zu treten, liegt bei jedem einzelnen.

Was ist der Mensch, wenn er im Moment nicht an seinen Namen denkt?

Wie frei kann ein Mensch sein, dessen Schicksal an das so vieler anderer gebunden ist? An die die waren, die die sind und an die die sein werden. An Menschen, die er nur von Bildern kennt, an solche die er im Leben trifft und an die die er niemals trifft. Wie frei ist dieser Mensch, wenn das Leben und überleben all dieser Menschen mit seinem Schicksal zusammenhängt. Hat er eine Wahl, oder trifft sein Leben für ihn die Entscheidung? Wie frei sind all die anderen? Wie frei jeder Einzelne? Am Ende ist es dieser eine Mensch, der noch nicht mal frei ist über sei eigenes Leben zu entscheiden. Alles was in seinem Leben war, ist und sein wird, ist in dasselbe gebunden wegen der Vielen und nicht wegen ihm. Man gaukelt ihm freie Wahl vor, aber wirkliche Freiheit trägt ein anderes Gesicht. Jeder einzelne dieser Menschen hat die Wahl, den einen Weg zu gehen oder einen anderen. Den Nadelstich muss dieser eine Mensch nicht machen. Das können unzählige andere, in unzähligen anderen Kombinationen ebenso zu jedem Zeitpunkt tun. Aber am Ende hat dieser eine ein Schicksal, dass ihn zum Mächtigsten und gleichzeitig auch zum Machtlosesten unter allen macht. Wie frei ist der Einzelne der für die Vielen geboren wurde?

Bei der Auslegung der Gläubigkeit, stellt sich mir die Frage, was ein gläubiger bzw. was ein ungläubiger Mensch ist. Hartgesottene ungläubige Menschen, von einem Glauben gewaltsam zu Überzeugen, halte ich persönlich für einen völlig falschen Weg. Viel wichtiger finde ich es wenn sich der Mensch aus freien Stücken für einen Glauben entscheidet, der ihn persönlich wachsen lässt und ein besseres Miteinander zwischen ihm und den anderen Menschen ermöglicht. „Ungläubige" Menschen sollen sich ein Glaubenssystem ansehen dürfen und dann entscheiden ob und in welcher Weise sie sich für selbiges entscheiden. Ein Mensch der unter irgendeinem Zwang in ein Glaubenssystem eingeführt wird, sei es unbewusst durch sich selbst oder anderen Teilen seines Lebens bzw. seiner Umwelt, wird auf bestimmte Weise immer Schmerz bei sich selbst und/oder anderen verursachen. Hiervon zu trennen ist jedoch die „Kasteiung" einiger Glaubenssysteme. Diese sind auf gewisse Weise freiwillig und sind nicht auf einen bestimmten inneren Krieg zurückzuführen. Der innere unheilvolle Krieg an sich wird immer hervorgerufen, durch etwas Falsches, Schädliches, in sich oder seiner Umwelt. Hierauf reagiert die Natur des Menschen nach Innen und/oder nach außen immer Heftiger je länger sich der Mensch in einer solchen Lage befindet.

Wenn ich jemandem irgendwie auf die Füße getreten bin, immer wieder gerne. Möge dieser Schmerz dich reinigen. Es sind die Ansichten eines einzelnen also denkt euch euren Teil. Nehmt her was ihr wollt und nutzt davon was ihr meint für euch nutzen zu können. Ich sehe den Menschen an sich als Kultur und bin in keinster Weise irgendeiner Religion an sich abgeneigt.

Also Friede auf Erden und habt einander lieb!